Ich danke dir, lieber Gott

Wenn ich morgens
früh aufstehe,
liegt der helle Tag vor mir.
Wie viel Schönes ich da sehe!
Lieber Gott, ich danke dir.

Halte zu mir, guter Gott,
heut den ganzen Tag.
Halt die Hände über mich,
was auch kommen mag.

Komm, Herr Jesus,
sei unser Gast,
und segne,
was du uns bescheret hast.

Der Tag geht zu Ende.
Ich falte die Hände und bitte dich:
Behüte mich!

Wie gut, dass es die andern gibt.
So bin ich nicht allein.
Du, Gott, der alle Menschen liebt,
sollst unser Freund auch sein.

Wo ich gehe,
wo ich stehe,
ist der liebe Gott bei mir.
Wenn ich ihn auch niemals sehe,
weiß ich dennoch: Gott ist hier.

Was auch geschieht in meinem Leben,
du, guter Gott, behütest mich.
Wenn Leid und Traurigkeit mich umgeben,
verlass ich mich ganz fest auf dich.

Wer hat die Sonne denn gemacht,
den Mond und all die Sterne?
Wer hat den Baum hervorgebracht,
die Blumen, nah und ferne?
Wer schuf die Tiere, groß und klein?
Wer gab auch mir das Leben?
Das tat der liebe Gott allein,
drum will ich Dank ihm geben.

Die Nacht ist nun vorbei.
Die gute Sonne leuchtet neu.
Ich bin gesund und stehe auf.
Herr, segne meinen Tageslauf.

Jedes Tierlein kriegt sein Essen,
jedes Blümlein trinkt von dir,
hast auch unser nicht vergessen,
lieber Gott, wir danken dir!

Nun geht der Tag zu Ende,
ich falte meine Hände
und freue mich auf morgen.
Bei Gott bin ich geborgen.

Ich bin klein,
mein Herz ist rein,
soll niemand drin wohnen
als Jesus allein.

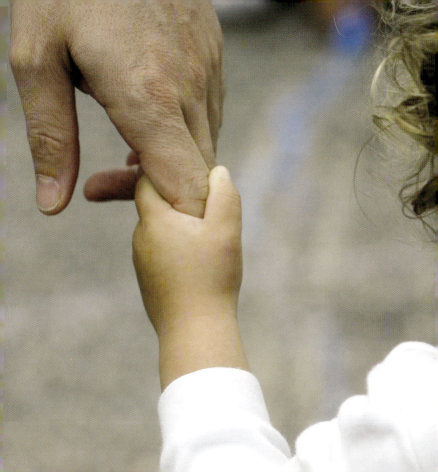

Müde bin ich,
geh' zur Ruh,
schließe meine Äuglein zu.
Vater, lass die Augen dein
Über meinem Bette sein.

Abends, wenn ich schlafen geh,
vierzehn Englein bei mir stehn.
Zwei zu meiner Rechten.
Zwei zu meiner Linken.
Zwei zu meinem Haupte.
zwei zu meinen Füßen.
Zwei, die mich decken.
Zwei, die mich wecken.
Zwei, die mich weisen.
Ins himmlische Paradeise.

Herr ich bin dein
und du bist mein,
drum will ich allzeit
fröhlich sein.

Alle guten Gaben,
alles was wir haben,
kommt, oh Herr, von dir,
Dank sei dir dafür.

Für dich und mich ist der Tisch gedeckt.
Hab Dank, lieber Gott,
dass es uns so schmeckt.

Schon glänzt der goldne Abendstern.
Gut Nacht, ihr Lieben, nah und fern,
schlaft ein in Gottes Frieden.

Nun bin ich müde,
der Tag war lang.
Für alles Schöne sag ich Dank.
Noch eines lieber Gott,
das bitt ich dich,
behüte Mama, Papa,
…, …, …,
und mich.

Es ist nicht gestattet, Abbildungen dieses Buches in jeglicher Art zu speichern, zu verändern oder zusammen mit anderen Bildvorlagen zu manipulieren, es sei denn mit schriftlicher Genehmigung des Verlages.

Gestaltung: Christine Paxmann text • konzept • grafik, München.

Gedruckt auf chlorfrei gebleichtem Papier.
Magdalenen-Verlag C. Kopp OHG, Holzkirchen 2010.

© Magdalenen Verlag

www.magdalenen-verlag.de

Bildnachweis
Titelbild: by-studio – fotolia.com, Bild 1: Quadriga Images – LOOK-foto,
Bild 2: age fotostock – LOOK-foto, Bild 3: Harald Eisenberger – LOOK-foto,
Bild 4: Peter von Felbert – LOOK-foto, Bild 5: Hauke Dressler – LOOK-foto,
Bild 6: Harald Eisenberger – LOOK-foto, Bild 7: Sabine Duerichen – LOOK-foto,
Bild 8: shotshop.com, Bild 9: olly – fotolia.com, Bild 10: Nicole Effinger – fotolia.com,
Bild 11: shotshop.com, Bild 12: age fotostock – LOOK-foto,
Bild 13: Hallgerd – fotolia.com, Bild 14: Wojciech Gajda – fotolia.com,
Bild 15: lucastor – fotolia.com, Bild 16: Marzanna Syncerz – fotolia.com,
Bild 17: Ella – fotolia.com, Bild 18: Marcel Mooij – fotolia.com,
Bild 19: Pavel Losevsky – fotolia.com

ISBN 978-3-940801-68-5